Leo & Co.

Stille Nacht

Ernst Klett Sprachen

Stuttgart

Bildnachweis
26 Theo Scherling; **40** Sabine Wenkums; **52** Johann Büsen; **56** Sabine Wenkums; **61.1** Julie – Totolia.com; **61.2** Claudia Hautumm / PIXELIO; **62.1** Sabine Wenkums (mit freundlicher Genehmigung von Heidi Schmelzer); **62.2, 63.1** Sabine Wenkums; **63.2** Liane / PIXELIO

Zu diesem Buch gibt es Audiodateien und Lösungen, die mit der Klett-Augmented-App geladen und abgespielt werden können.

Klett-Augmented-App kostenlos downloaden und öffnen	Bilderkennung starten und Seite mit diesem Symbol scannen	Medien laden, direkt nutzen oder speichern

Alternativ Audiodateien und Lösungen unter www.klett-sprachen.de/leo-und-co/audio downloaden. Code: LuCSN81

1. Auflage 1 5 4 3 2 1 | 2025 24 23 22 21

Nachfolger von 978-3-12- 606411-8
Alle Drucke dieser Auflage sind unverändert und können im Unterricht nebeneinander verwendet werden.
Die letzte Zahl bezeichnet das Jahr des Druckes.
Erstausgabe erschienen 2008 bei der Langenscheidt KG, München

www.klett-sprachen.de

Autoren: Theo Scherling und Elke Burger

Redaktion: Sabine Wenkums
Layout: Kommunikation+Design Andrea Pfeifer
Illustrationen und Umschlagbild: Johann Büsen
Tonregie: Theo Scherling und Sabine Wenkums
Tonaufnahme, -schnitt und -mischung: Andreas Scherling
Bratsche: Jenny Stölken
Tonstudio: Frische Medien München und Grünton Studio München
Sprecher: Ulrike Arnold, Jan Faßbender, Monika Hossfeld, Detlef Kügow, Susanne Noll, Theo Scherling, Jenny Stölken, Helge Sturmfels, Peter Veit, Sabine Wenkums
Druck und Bindung: Elanders GmbH, Waiblingen

Printed in Germany

ISBN 978-3-12-674086-9

Leo & Co.

Stille Nacht

INHALT

Die Hauptpersonen dieser Geschichte 6

Kapitel 1 8
Übungen 48

Kapitel 2 11
Übungen 48

Kapitel 3 14
Übungen 49

Kapitel 4 20
Übungen 51

Kapitel 5 24
Übungen 52

Kapitel 6 27

Kapitel 7 32
Übungen 53

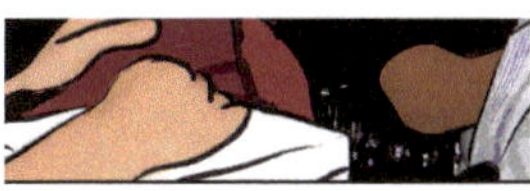

Kapitel 8 35
Übungen 54

Kapitel 9 38
Übungen 58

Kapitel 10 41
Übungen 59

Kapitel 11 44

Landeskunde 60

DIE HAUPTPERSONEN DIESER GESCHICHTE:

Leo

Leo ist Maler, aber er ist auch ein leidenschaftlicher Koch. Seine Kneipe „Leo & Co." ist ein gemütliches Lokal, in dem man gut und preiswert essen kann.

In dieser Geschichte plant er mit Klaus und Benno ein Weihnachtsfest der besonderen Art!

Benno

Benno wohnt bei Leo im Haus, über der Kneipe. Weil er Leo manchmal hilft, muss er nicht viel Miete bezahlen. Er findet das prima, denn er hat nicht viel Geld.

Dieses Jahr arbeitet er als Christbaumverkäufer und erfährt, dass andere Menschen noch weniger Geld haben als er. Und das bringt ihn auf eine Idee.

Klaus Meier

Klaus Meier ist Leos bester Freund. Zusammen mit seiner Tochter Veronika hat er die KFZ-Werkstatt „Meier & Meier".

Weihnachten steht vor der Tür und dieses Jahr soll das Fest einmal ganz anders werden.

Veronika Meier

Veronika lebt und arbeitet bei ihrem Vater. Ihre kleine Tochter Iris erzieht sie allein.

Weil Weihnachten das Fest der Kinder ist, kauft sie für Iris ein: ein Buch, ein Spiel, ein Kuscheltier, ein Kleid, ...

Ganz schön viele Geschenke, findet ihre beste Freundin Anna.

Anna

Anna ist Studentin und jobbt in Leos Kneipe. Sie wohnt bei ihrer Oma Gertrude Sommer. Und Anna ist verliebt! Paco heißt der Glückliche.

Mit ihrer Freundin Veronika macht Anna Weihnachtseinkäufe. Sie braucht Geschenke für Paco, Oma Trude, Leo, ...

Balu, Schubert, Ringo und Boris,

Die vier Obdachlosen leben das ganze Jahr auf der Straße. Im Winter ist das besonders hart. Zur Zeit helfen sie Benno beim Christbaumverkauf. Und dann wartet noch eine ganz besondere Überraschung auf sie.

Oma Trude und Elisabeth Neumann

Gertrude Sommer und ihre Freundin Elisabeth backen wie jedes Jahr Plätzchen. Auch sonst planen sie Weihnachten wie immer. Aber dann kommt alles anders.

1

Es regnet.
Es regnet schon seit Tagen.
Leo steht am Fenster und sieht auf die Straße:
Die Welt ist grau und nass und morgen ist der 1. Dezember: Die Adventszeit beginnt.

Er macht die Pinsel sauber. Es ist gleich 10 Uhr!
Leo ist Maler, aber er ist auch ein leidenschaftlicher Koch. Vor ein paar Jahren hat er sein Hobby zum Beruf gemacht. Seine Kneipe „Leo & Co.“ ist ein gemütliches Lokal, in dem man gut und preiswert essen kann.
Das Lokal öffnet um 9 Uhr, Frühstück gibt es bis 12 Uhr. Ab 12 Uhr gibt es Mittagessen. Meist können die Gäste zwischen drei Menüs wählen. Ein Menü ist immer vegetarisch.
Die Frühschicht machen meist Anna und Benno.
Leo beginnt seine Arbeit in der Kneipe um 10 Uhr.
Heute hat er keine Lust. Das Wetter macht ihn missmutig. Deshalb malt er zurzeit am liebsten mit leuchtenden Farben.
Seinen Freunden erklärt er: „Meine Lieblingsfarbe ist Bunt!“

„Morgen!“, grüßt Leo ziemlich lahm.
„Guten Morgen, Leo.“
„Wo sind die Einkäufe?“
„Die hat Benno schon in die Küche gebracht. – Hast du schlechte Laune?“
„Nein, ja – das Wetter macht mich fertig. Entschuldige, Anna ...“

Nach zwei Minuten kommt er wieder ins Lokal und stellt einen Adventskranz auf die Theke.
„Wo hast du den denn her?“
„War wohl ein Sonderangebot! Benno hat gleich ein Dutzend gekauft. Für jeden Tisch einen.“
Anna tut sehr beschäftigt. Leo hat heute wirklich schlechte Laune.

„Ihr wollt also die Kneipe dekorieren, ja? Ausgerechnet ihr, – wo ihr doch so gegen den Konsumterror[1] in der Adventszeit seid? Geht ihr dieses Jahr vielleicht auch in die Christmette?"
„Entschuldige, Leo! Benno hat die Kränze gekauft, nicht ich! Also reagiere deine schlechte Laune bitte an ihm ab!"
„Wo ist er eigentlich?"
„Der hat doch einen neuen Job für die Adventszeit, er muss immer kurz vor zehn weg. Und jetzt ab in die Küche, Chef!" Anna lacht wieder.

Ü1

1 *der Konsumterror*: durch viel Werbung ausgelöster oder empfundener Druck/Zwang zum (auch unnötigen) Konsum

2

„Hallo, Leo! Wir sind da!"
Klaus Meier, seine Tochter Veronika und Ralf kommen in das Lokal. Sie kommen fast jeden Mittag. Klaus und Veronika haben zusammen die Kfz-Werkstatt ‚Meier & Meier'. Ralf arbeitet bei ihnen.
Sie setzen sich an den Tisch mit dem Schild ‚Stammtisch'. Der ist nur für Gäste, die jeden Tag kommen.
„Was gibt es denn Leckeres?", fragt Klaus Meier Anna, die an den Tisch kommt.
„Psst! Nicht so laut! Der Chef hat heute schlechte Laune."
„Und warum?", fragt Veronika.
„Darum", sagt Anna und zeigt auf den Kranz.
„Ein Adventskranz!" Veronika sieht sich im Lokal um und bemerkt die anderen Kränze.
„Aha, ich verstehe! Eure Weihnachtsdekoration! Sieht ein bisschen mickrig[2] aus – gab es die im Sonderangebot?"
„Ich finde Weihnachtsdekoration sowieso albern. Ist doch nur Geldmacherei[3]", mischt sich Ralf ein.
„Ach ja, in vier Wochen ist ja schon Weihnachten, und ich habe immer noch keine Geschenke! Ich glaube, dieses Jahr fällt Weihnachten aus", lacht Klaus Meier und sieht seine Tochter an.
„Glaub ihm kein Wort! Er hat die Weihnachtsgeschenke bestimmt schon im Oktober gekauft. Obwohl ich ihm jedes Jahr wieder sage, dass wir weniger schenken sollen."

2 *mickrig*: ugs. für *sehr bescheiden und klein*
3 *die Geldmacherei*: ugs., es geht nur ums Geld / um den Profit

„Schluss jetzt! Bestellt lieber euer Mittagessen, ihr könnt euch noch vier Wochen lang streiten“, unterbricht Anna.

Nach dem Essen geht Klaus Meier in die Küche.
Leo, sein bester Freund, sitzt erschöpft neben dem Herd und trinkt Kaffee.
Leo ist ein großer Mann mit freundlichen Augen, langen Haaren und einem riesigen Schnurrbart.
Klaus Meier dagegen ist klein und dünn, hat fast keine Haare mehr und trägt eine runde Brille.
„Na, du siehst aber gar nicht glücklich aus.“
„Ach, mich macht das Wetter fertig. Immer nur Regen, Regen, Regen. In meiner Kindheit hat es in der Adventszeit geschneit. Jeden Nachmittag waren wir draußen beim Schlittenfahren.“
„Ja ja, die guten alten Zeiten.“
Ü2 Jetzt muss Leo sogar ein kleines bisschen lächeln.
Ü3 „Ach, hier seid ihr!“

Anna und Veronika kommen in die Küche.
„Übt ihr Weihnachtslieder?“, lacht Anna.
„Nein, sie verabreden sich zum Plätzchenbacken oder ‚Stroh-Sterne[4]-Basteln‘“, kichert Veronika.
„Ich muss in die Uni, Leo. Bis heute Abend, tschüs!“
„Wir sollten auch mal los, Paps. Ralf ist schon drüben.“

4 *die Stroh-Sterne*: typische Dekoration für den Weihnachtsbaum

3

„Tempo! Tempo! Beeilt euch mal, Männer!"
Der Mann auf dem Lastwagen schreit und klatscht in die Hände.
Die Männer laden die Bäume ab.
„Meine Güte[5], könnt ihr nicht lesen? Hier steht doch ganz deutlich: Nordmanntanne! Ein grüner Zettel am Baum bedeutet: Nordmanntanne! Ist doch wirklich nicht so schwer, oder? Benno, komm mal her!"
Benno stellt einen Baum an das Gitter und kommt zum Lastwagen.
„Ich gehe jetzt einen Kaffee trinken, und wenn ich zurückkomme, seid ihr fertig, verstanden? Und mach den Pennern Beine! Die schlafen ja beim Gehen ein!"

Benno geht zu den ‚Edeltannen' und bringt die falsch abgestellten Nordmanntannen zu ihrem Platz.
Er lächelt den drei Männern zu und zuckt die Schultern.
Der Mann, den die anderen ‚Ringo' nennen, schimpft: „So ein Idiot! Soll er seine Bäume doch selbst abladen! Immer mit der Ruhe, Leute. Er hat gesagt, ‚Arbeit für zwei Stunden' und bei fünf Euro in der Stunde gibt das einen Zehner für jeden. Wenn wir früher fertig sind, zahlt er bestimmt weniger."
„Genau! Und du, Junge, mach mal langsam", antwortet Boris. Er ist vielleicht fünfzig Jahre alt. Alle drei Männer sehen älter

5 *Meine Güte!* Ausdruck des Staunens, der Überraschung oder des Unverständnisses

aus, als sie in Wirklichkeit sind. Das Leben hat Spuren auf ihren Gesichtern hinterlassen.
„Richtig! Mit Ruhe und Gemütlichkeit“, lacht auch der Dritte. Seine Kumpel nennen ihn ‚Balu‘. Wie der Bär ‚Balu‘ aus dem Dschungelbuch. Und er tanzt jetzt auch ein bisschen wie der. „Passt mal auf, Leute. Wir laden erst mal alle Bäume ab. Dann kann er mit seinem Lastwagen verschwinden und danach sortieren wir die Bäume, einverstanden?“
Benno sieht die drei Männer an und sie nicken. Ü4

Der Mann steigt in den Lastwagen und fährt weg.
„Na, endlich! Hat er dir das Geld da gelassen?“
„Klar! Bekommt ihr, wenn wir fertig sind. Wir sortieren jetzt die Bäume und dann hängen wir die Plakate auf.“

Hier Christbaumverkauf!
Schön und billig!
Nordmanntanne schon ab 15,- €
Große Auswahl
an Blaufichten und Edeltannen

Nach einer Stunde sind sie fertig, und der Verkaufsstand ist aufgebaut.
„So, hier sind dreißig Euro, zehn für jeden, wie ausgemacht.“
„Danke, Junge. Und wenn du mal Hilfe brauchst, wir sind ganz in der Nähe! Gleich vorne in der Hauptstraße.“
„Und bei schlechtem Wetter sind wir unten in der U-Bahn.“

Christbaumverkauf
Christbaumverkauf!
Große Auswahl

„Komm doch heute Nachmittag. Um zwei Uhr spielt Schubert!"
„Schubert?"
„Ein Musiker. Wir nennen ihn so, weil er so schön spielt. Er kommt meist um zwei, dann macht die U-Bahnwache Mittagspause."
„Die mögen keine Musik", lacht Ringo.
„Und keine Penner[6]", ergänzen Boris und Balu.

Benno sieht sich den Verkaufsstand an. Die Tannenbäume sind sortiert, die Werbeplakate hängen am Zaun und ein paar besonders schöne Bäume stecken in Christbaumständern.
„Mist! Zwei Stunden gearbeitet und gleich mal 15 Euro Miese[7] gemacht!"
Er holt die Thermoskanne aus seinem Rucksack und schenkt sich heißen Kaffee ein.

6 *der Penner*: ugs. für *der Obdachlose*
7 *Miese*: ugs. für *der Verlust*

Er ist jetzt Christbaumverkäufer! Den Job hat er in der Zeitung gefunden:

> **„Helfen Sie dem Weihnachtsmann!**
> Christbaumverkäufer gesucht!
> Vom 1.–24. Dezember
> Täglich von 10–20 Uhr
> Gute Bezahlung!
> Tel. 1615342

Ein Anruf und er hatte den Job. Benno beginnt um 10 Uhr und arbeitet bis abends um acht. Jeden Tag, auch am Wochenende. Wenn er Hilfe braucht, muss er sie selbst bezahlen. Die Bezahlung ist nicht so gut. Er bekommt 50 Euro am Tag. Aber er ist froh, wenn er Geld verdient. Ü5

4

„Süß! Das ist wirklich süß! Wie viel kostet das?“
„Neunzehn Euro. Nicht teuer, oder?“
Veronika zeigt Anna ein Kleid für Iris. Iris ist fünf Jahre alt und Veronikas Tochter.
„Das steht ihr bestimmt gut. Nimm es!“

„Prima! Dann habe ich alle Geschenke für Iris: Ein Buch, Malsachen besorgt Leo, ein Spiel, ein Kuscheltier, das Kleid.“
„Ganz schön viele Geschenke!“, lacht Anna.
„Na ja, sie ist ja noch ein Kind. Und Weihnachten ist doch ein Fest für Kinder, oder?“

„Ich hab doch nur Spaß gemacht! Ich brauche auch noch Geschenke! Für Oma, für Leo und natürlich für Paco!"
„Und für mich?"
„Ähm, ich dachte wir schenken uns nichts."
„Reingefallen, war auch nur Spaß!" › Ü6
Die beiden Freundinnen gehen zur Kasse. › Ü7

„Was schenke ich bloß Oma?"
„Liest sie gern?"
„Ja, aber sie sieht nicht mehr so gut."
„Musik?"
„Hm, ich weiß nicht."
„Vielleicht einen schönen Schal oder warme Hausschuhe."
„Warme Hausschuhe! Gute Idee! Alte Damen frieren doch leicht. Aber wo finden wir die?"
„Komm, wir gehen zum Weihnachtsmarkt!"

„Schön warm und weich! Und gar nicht teuer, nur dreißig Euro!"
„Die sind wirklich schön."
„Zeig mal. Hm, kuschelig warm! Da freut sich deine Oma bestimmt."
„Ich nehme sie!"

„Und jetzt lade ich dich zu einem Glühwein[8] ein!"
„Nein, lieber nicht. Ich muss noch Auto fahren."
„Dann nehmen wir einen Kinderpunsch[9]! Der ist ohne Alkohol, aber auch sehr lecker!"

8 *der Glühwein*: Heißgetränk, das man im Winter trinkt: heißer Rotwein, gewürzt mit Zimt und Nelken
9 *der Punsch*: Heißgetränk, ähnlich Glühwein, mit oder ohne Alkohol

Hier Christbaumverkauf!
Schön und billig!
Nordmanntanne schon ab 15,- €
Große Auswahl
an Blaufichten und Edeltannen

„So, zweimal Kinderpunsch. Das macht mit Tassenpfand[10] elf Euro, die Dame."
„Wie bitte? Elf Euro? Für zwei Punsch? Das ist ja ..."
„Sechs Euro bekommen Sie ja wieder, wenn Sie die Tassen zurück bringen. Wissen Sie, viele Leute sammeln die Tassen vom Weihnachtsmarkt. Es gibt jedes Jahr ein neues Motiv. Aber Sie müssen die Tassen natürlich nicht kaufen. Bringen Sie die Tassen einfach zurück. "
„Ganz schön teuer!"
„Ich sag's ja: Süßer die Kassen nie klingeln als zu der Weihnachtszeit." Veronika singt eine Zeile der bekannten Weihnachtsmelodie. Eigentlich heißt der Text: Süßer die Glocken nie klingen ...
„Na ja, das Geschäft gehört halt dazu. Und wir machen ja auch mit."

„Ist das nicht Benno?"
„Doch, natürlich! Komm, wir holen noch einen Punsch. Der arme Kerl muss den ganzen Tag im Freien arbeiten."
„Hol lieber einen Glühwein!"
„Aber ..."
„Benno hat keinen Führerschein."

10 *das Tassenpfand*: Leihgebühr für eine Tasse / ein Glas / einen Becher

5

„Ding-Dong!"
Frau Neumann geht an die Tür.
„Trude?"
„Ja, Elisabeth! Ich bin es, mach auf."
Frau Neumann öffnet die Tür und ihre Freundin Trude kommt herein.
„Du meine Güte, ist das schwer. Schnell in die Küche!"
Sie stellt einen großen Korb ab und zwei Plastiktüten.
Die beiden Freundinnen umarmen sich, dann zieht Trude Sommer ihren Mantel aus und packt die Plastiktüten aus.
„Ist der Teig schon fertig?"
„Natürlich! Ich habe ihn genau nach Rezept gemacht und seit zwei Stunden liegt er im Kühlschrank."
„Perfekt, meine Liebe! Dann können wir anfangen!"
„Was muss ich jetzt machen?"
„Jetzt rollst du den Teig aus. Hier, mit der Teigrolle, ziemlich dünn."
„Den weißen Teig auch?"
„Klar, beide. Prima! Und jetzt schneidest du ein Quadrat aus jedem Teig und legst die beiden Quadrate übereinander."
„Huch, das klebt vielleicht!"
„Warte, ich streue ein bisschen Mehl auf den Tisch, dann geht es besser."
„Danke! Und wie geht es weiter?"
„Einfach eine Rolle machen. Und von der Rolle schneidest du

dann Scheiben ab, jede einen halben Zentimeter dick.“
„Ich verstehe ...“

Schwarz-Weiß-Gebäck

Man nehme:

- 300 Gramm Mehl
- 150 Gramm Zucker
- 1 Päckchen Vanillinzucker
- 2 Eigelbe
- 200 Gramm kalte Butter
- 2 Esslöffel Kakaopulver
- 2 Esslöffel Schlagsahne
- Mehl zum Ausrollen

Zubereitung

Mehl, Zucker und Vanillezucker mischen. Eigelbe hineingeben und mit der Butter zu einem Teig kneten.
Den Teig halbieren.
Eine Hälfte mit Kakao und Sahne gut verkneten, bis die Masse gleichmäßig braun ist.
Jedes Teigstück in Folie wickeln und 1 Stunde kalt stellen.
Danach Teige ausrollen, je ein Quadrat ausschneiden, Quadrate
Ü8 aufeinander legen und aufrollen.

Elektro-Ofen auf 175 Grad vorheizen.
Ein Backblech mit Backpapier belegen.
Die Teigrolle in ca. 1/2 cm dicke Scheiben schneiden.
Die Scheiben aufs Blech legen und im Ofen bei 175° C (Gas: Stufe 2) 12–15 Minuten backen.

Zwei Stunden später ist die Küche wieder aufgeräumt. Die beiden alten Damen sitzen am Küchentisch und trinken Tee. Dazu probieren sie ihre frisch gebackenen Plätzchen.

„Hmm, lecker!"

„Letztes Jahr waren sie besser!"

„Das sagst du jedes Jahr, Trude. Ich finde sie prima. Eins, zwei, drei, ... sechs. Wir haben sechs Sorten. Reicht das?"

„Ja, bestimmt. Die Kinder bekommen jedes einen großen Teller und der Rest ist für uns zum Tee, die reichen bis Weihnachten. Ostern will ich keine Weihnachtsplätzchen mehr!"

Beide lachen.

Dann packen sie die Plätzchen in Blechdosen und Trude stellt sie
Ü9 auf den Küchenschrank.

6

Seit zwei Wochen verkauft Benno Weihnachtsbäume. Mittlerweile ist er ein Spezialist für Christbäume. Er weiß, dass für 90% aller deutschen Haushalte mit mindestens 3 Personen zu Weihnachten ein Christbaum gehört. Allein in Deutschland werden jährlich ca. 23 Millionen Weihnachtsbäume verkauft. Am beliebtesten ist die Nordmanntanne. Ihr Marktanteil beträgt über 50 Prozent, dann kommen die Blaufichte und die Edeltanne. Der Preis ist für viele Kunden nicht so wichtig.

Benno bekommt jeden Tag Besuch von Ringo. Wenn Benno in der Stadt etwas erledigen muss oder Leo seine Hilfe braucht, dann vertritt ihn Ringo. ‚Stellvertretender Geschäftsführer' sagt er und lacht. Manchmal kommen auch Boris und Balu vorbei.
Am Samstagvormittag helfen alle drei. Da ist immer am meisten los und es gibt viel zu tun: Die Kunden beraten, den Unterschied zwischen den Sorten erklären, den ‚schönsten' Baum aussuchen, den Baum in ein Netz verpacken, damit ihn die Leute leichter transportieren können, und manchmal muss man auch ein paar Äste abschneiden. Das machen immer Boris und Balu. Den Verkauf macht Benno lieber allein.

„Na, Junge, ganz schön kalt heute! Brauchst du was Warmes?"
Ringo kommt zum Stand und zieht eine kleine Flasche aus der Lederjacke.
„Nein, danke. Ich habe heißen Kaffee. Möchtest du eine Tasse?"

„Gern!"
Benno schenkt eine Tasse Kaffee ein und gibt sie Ringo. Der schraubt sein Fläschchen auf, gießt einen Schluck in die Tasse und sagt:
„Café corretto[11], wie der Italiener sagt."
„Ringo, kannst du mich eine Stunde lang vertreten? Ich muss noch ein paar Besorgungen machen."
„Weihnachtseinkäufe?"
„Nein, doch, ein paar Kleinigkeiten halt. Ich bin um fünf zurück."
„Ja, aber sei pünktlich! Ich muss auch noch einkaufen. Ich möchte Boris einen Rolls Royce zum Fest schenken, dann muss er nicht immer schwarzfahren[12]. Und Balu eine Weltreise, so mit allen Schikanen[13], damit er mal was von der Welt sieht!" Ringo lacht und sagt:
„Geh nur. Ich passe auf den Laden auf."

Benno besorgt Weihnachtskarten für Verwandte und Freunde: ein kleines Geschenk für Anna und einen gro-ßen Terminkalender für Leo. In der Kneipe kleben nämlich an den unmöglichsten Stellen kleine Zettel. Die sind von Leo, damit er nichts vergisst. Von nun an kann er seine Notizen in den Kalender schreiben. In den letzten beiden Tagen ist es kalt geworden und es hat aufgehört zu regnen. Plötzlich fallen erste Schneeflocken.

11 *der Café corretto*: italienisch *mit Grappa „korrigierter" Espresso*
12 *schwarzfahren*: ugs. für *ohne Fahrschein fahren*
13 *mit allen Schikanen*: ugs. für *mit allem, was dazu gehört*

Benno genießt die Stimmung und spaziert über den Weihnachtsmarkt. Bisher hatte er keine Zeit dafür. Er mag die Lichter, den Duft und die bunten Buden.
„Mist, gleich halb sechs!"

Benno kommt zum Verkaufsstand. Ein paar Leute sehen sich die Christbäume an. Das Eingangsgitter ist zu. Von Ringo keine Spur.[14]
„Ringo? Hallo, Ringo?"
Er macht den Eingang auf.
„Haben Sie schon geschlossen?", fragt ein Mann, der ein kleines Mädchen dabei hat.
„Nein, nein. Wir haben jeden Tag bis zwanzig Uhr geöffnet. Bitte kommen Sie."
„Was ist eigentlich der Unterschied zwischen einer Nordmanntanne und einer Edeltanne?"
„Also ..."

Der Mann entscheidet sich für eine Nordmanntanne.
„Was kostet die?"
„Das steht auf dem Zettel. Hier, 18 Euro."
„In Ordnung." Der Mann nimmt 20 Euro aus seinem Portemonnaie und gibt sie Benno. „Der Rest ist für Sie."
„Vielen Dank. Ich mache noch ein Netz drum, dann können Sie ihn besser tragen."
Benno schiebt den Baum durch einen Trichter und auf der anderen Seite kommt er verpackt wieder heraus.
Zusammen tragen der Mann und das Mädchen den Baum weg.

14 *von Ringo keine Spur*: ugs., wenn man etwas oder jemanden nirgends sieht oder finden kann

Christbaumverkauf
Hier Christbaumverkauf!
Schön und billig!
Große Auswahl

7

Heute ist ein guter Tag. Auch vom nächsten Kunden hat Benno 20 Euro bekommen. Ringo sieht er nirgends. Mit dem Geld geht er in sein ‚Büro'. Dort stehen ein Campingstuhl und der Tisch mit der Kasse.

„Die Kasse! Wo ist die Kasse??"

Er sucht unter dem Tisch. Er guckt in den Werkzeugkoffer, er sucht bei den abgeschnittenen Zweigen – sein Rucksack fehlt auch. Allmählich bekommt Benno Panik: Die Kasse ist weg!

Ü10 Er sucht überall.

Dann schließt er den Eingang und geht zur Hauptstraße.

Der Schnee wird dichter.

Die Männer, die sich sonst an der Hauptstraße treffen, sind nicht da.

Benno geht hinunter zur U-Bahn.

Niemand.

Nur Schubert spielt Geige.

Benno wartet bis zum Ende des Musikstücks, dann fragt er:

„Hast du Ringo gesehen?"

„Nee, niemand da heute. Schlechte Geschäfte! Bin schon seit fast einer Stunde hier, aber die Leute geben ihr Geld lieber für Weihnachtsgeschenke aus, nicht für Musik."

„Viel Glück!", sagt Benno und wirft einen Euro in den Hut am Boden.

Müde, nass und enttäuscht geht er nach Hause.

„In der Kasse waren fast vierhundert Euro“, denkt er und rechnet nach. „Zwanzig Bäume habe ich heute verkauft, oder sogar mehr. Jeder Baum circa achtzehn Euro, vierhundert Euro!“
Benno wohnt über der Kneipe. Er geht durch den Hintereingang. Er möchte niemanden sehen und geht leise die Treppe rauf.

Hat Ringo die Kasse gestohlen? Aber warum heute, es gab Tage mit mehr Geld in der Kasse. Hat ...
„Benno? Bist du das?“
„Ja, ich bin's, Leo. Ich komm später runter. Ich bin völlig kaputt.“
„Du hast Besuch, Benno!“
Benno bleibt stehen, dreht sich um und rennt die Treppe runter.

Ü11

An der Theke steht Ringo. Auf der Theke liegt Bennos Rucksack.
„Du warst um fünf Uhr nicht zurück und ich musste dringend weg. Polente[15], wenn du verstehst, was ich meine. Da hab ich die Kasse mal lieber an mich genommen – bevor noch was wegkommt.“
Ringo grinst und schiebt Benno den Rucksack hin.
Benno ist verlegen. Er sieht zu Leo, dann zu Ringo: „Und ich dachte ...“

15 *die Polente*: ugs. für *die Polizei*

„Das Denken überlass mal ruhig den Pferden, die haben größere Köpfe!“
Ringo trinkt sein Bier aus, tippt sich mit dem Zeigefinger an den Kopf und verabschiedet sich.

Benno holt die Kasse aus seinem Rucksack. Er öffnet sie und zählt das Geld.
„Noch alles da?“, fragt Leo.
„Ja, ich lege nur den Rest dazu.“
„Ringo hat viel erzählt. Auch, dass du das Geld fürs Abladen aus deiner Tasche bezahlt hast ...“
„Ach so ...“

8

„Was machst du eigentlich an Heiligabend, Leo?“
„Darf ich nicht sagen, großes Geheimnis!“
„Das klingt ja spannend! Hat dich eine Kunstsammlerin eingeladen oder bekommst du Besuch von deinen Verehrerinnen?“
„Nein, nein. Wenn du mir versprichst, dass du niemandem davon erzählst, verrate ich dir unser Geheimnis.“
„Unser ...“
„Ja, unser. Klaus und ich feiern zusammen mit Veronika und Iris. Aber die beiden wissen nichts davon. Ach, übrigens, Benno, ich brauche noch einen Weihnachtsbaum. Kannst du mir einen reservieren?“

Benno hat gar nicht richtig zugehört. Er hat eine Idee.
„Darf ich dann in der Kneipe feiern, Leo?"
„Wie? Du ganz allein?"
„Ich habe eine Idee: Es gibt viele Leute, die an Heiligabend ganz allein sind. Ringo und Boris und Balu zum Beispiel. Die haben nicht mal eine Wohnung."
„Mit denen willst du feiern?"
„Ja, mit denen und wer immer dazu kommen will. Erlaubst du es? Bitte, Leo!"
Ü12 Leo schweigt eine Zeit lang.
Ü13 „Okay!"

Leo, Klaus und Benno sitzen in der Küche. Anna kommt dazu und fragt:
„Plant ihr eine Verschwörung?"
„Wir? Nein! Wir sitzen nur zusammen und reden ein bisschen."
„Männergespräche?"
„Ja, ja. Über Fußball und Frauen!" Die drei kichern.
Die letzten Gäste sind weg und Anna macht die Abrechnung.
„Ich geh dann auch. Gute Nacht, Männer!" Das letzte Wort betont sie besonders und lacht.
„Tschüs, Anna. Bis Morgen!"

„Prima Idee, Benno! Leo hat mir schon davon erzählt. Wir sind jetzt also das Organisationskomitee. Packen wir's an!"[16]
„Immer mit der Ruhe. Also, ich übernehme die Küche."
„Sehr originell, Leo! Machen wir doch erst mal eine Liste, was alles zu tun ist."
Ü14 „Von mir aus, aber ich koche!"

16 *Packen wir's an!* ugs. für *Fangen wir an!*

Die drei sitzen eine Stunde in der Küche und planen das Weihnachtsfest. Am Schluss sind alle Aufgaben verteilt und auf dem Tisch liegt ein großer Zettel:

23. Dezember	
Essen einkaufen	Leo
Drei-Gänge-Menü vorbereiten	
Getränke einkaufen	Klaus
Punsch, Saft, Wasser	
24. Dezember	
14 Uhr	
Weihnachtsbaum dekorieren	Benno
Essen vorbereiten	Leo
16 Uhr	
Tische dekorieren	Benno/Klaus
Musik?	
18 Uhr	
Weihnachtsfeier	

„Die Einladungen haben wir vergessen! Wer macht die?"
„Die mache ich. Ich will sowieso noch kurz ins Atelier. Also, gute Nacht. Und nichts verraten!"

Ü15

9

„Liebe Oma Trude, wir möchten Sie herzlich zu unserer Weihnachtsfeier am 24. Dezember einladen! Dieses Jahr feiern wir alle zusammen in Leos Kneipe. Für Essen und Trinken ist gesorgt. Beginn 18 Uhr!
Herzlichst Leo, Klaus und Benno."
Frau Sommer liest den Text noch einmal. Ganz unten auf der Seite steht: Bitte anrufen!

Sie geht in die Wohnung, zum Telefon. Über dem kleinen Tischchen steht groß die Telefonnummer von Leos Kneipe: ‚Anna Arbeit 22 043 21'.
„‚Leo & Co.', guten Morgen!"
„Ich möchte bitte Leo sprechen."
„Einen Moment, bitte!" Anna zögert, dann fragt sie: „Oma, du?"
„Ach, hallo, Anna. Kann ich Leo bitte sprechen?"
Anna holt Leo und bleibt in der Nähe des Telefons.

„Leo!"
„Guten Morgen, hier ist Sommer."
„Wer bitte?"
„Trude Sommer!"
„Entschuldigen Sie, ich habe Sie nicht gleich erkannt. Schön, dass Sie anrufen."
Leo beobachtet Anna. Sie steht neben der Kaffeemaschine und tut sehr beschäftigt.
„Hallo? Herr Leo?"
„Ja, ich bin da. Also, was kann ich für Sie tun, Frau Sommer?"
„Wieso? Ich soll doch anrufen, wegen der Weihnachtsfeier!", sagt Oma Trude.
„Genau! Was möchten Sie denn wissen?"
Er sieht wieder zu Anna.
„Ich? Ich soll Sie doch anrufen!", sagt Oma Trude noch einmal.

Leo ist nervös. „Auf beiden Seiten kurz anbraten ...“
Ü16 Anna stellt zwei Tassen Espresso auf ein Tablett und geht.

Anna kommt zurück zur Theke.
Sie hört, wie Leo leise sagt: „Ich ruf gleich an, Frau Sommer!“
Als er Anna sieht, sagt er mit lauter Stimme: „Und am Schluss noch einen Löffel Sahne dazugeben. Keine Ursache, Frau Sommer! War mir ein Vergnügen. Auf Wiedersehen, äh, Wiederhören!“
Er legt schnell auf. „Reizend, deine Oma! Wirklich reizend!“
„Hm, genau wie mein Chef!“

Endlich sind alle informiert: Trude Sommer und ihre Freundin, Herr und Frau Fernández und Benno hat seine neuen Freunde auch schon eingeladen.
Nur Anna, Paco, Felipe und Veronika und Iris wissen nichts von der Weihnachtsüberraschung.

10

24. Dezember, zu Hause bei Meier & Meier:
„Opa, wann kommt das Christkind?"
„Hm, ich glaube, um sechs."
„Dauert das noch lange?"
„Ja, schon noch eine Weile. Spiel doch noch ein bisschen in deinem Zimmer. Ich muss noch mal kurz weg, aber Mama kommt gleich."
Iris geht in ihr Zimmer.
Auf dem Flur trifft Klaus seine Tochter Veronika.
„Du gehst jetzt noch weg?"
„Ja, hm, ich muss noch was erledigen. Aber um sechs bin ich zurück."
„Sei bitte pünktlich", ruft Veronika und lächelt.

Zur gleichen Zeit in der Wohnung von Oma Trude und Anna:
„Anna?"
„Ja, Oma? Was gibt's?"
„Bitte nicht in die Küche kommen! Ich muss was vorbereiten!"
„Jaaa! Ist gut!"
Anna freut sich auf das Weihnachtsfest. Jedes Jahr hat ihre Oma eine kleine Überraschung vorbereitet und am Abend essen sie zusammen.
„Oh, Mann! Wenn Oma jetzt das Abendessen vorbereitet – wir gehen doch gleich zu Meiers", denkt Anna.
Sie geht zur Küchentür und klopft.

„Oma?“
„Nicht reinkommen!“
Im gleichen Augenblick klingelt es an der Wohnungstür.
„Mach mal auf, Kind!“
„Jaa!“

„Guten Abend, Frau Neumann!“
„Fröhliche Weihnachten, Anna. Ist Trude schon fertig?“
„Wie, fertig? Was?“
Oma Trude kommt aus der Küche. Sie trägt einen Einkaufskorb und ein paar Tüten. „Geht ihr weg?“
„Ja, mein Kind. Du bekommst doch sowie gleich Besuch, da haben wir gedacht ...“
„Aber ...“
Es klingelt schon wieder an der Tür.

„Paco? Felipe? Was ...? Was ist hier eigentlich los?“
„Frau Sommer, Frau Neumann. Entschuldigen Sie, aber wir dachten ...“
„Schon gut, Jungs. Wir sind gleich weg. Viel Spaß! Komm, Elisabeth, wir müssen!“
Anna ist verzweifelt.

„Was macht ihr denn hier? Ich wollte doch mit Oma zu Veronika und Iris und du wolltest doch erst später kommen, Paco!“
„Die Eltern haben uns weggeschickt. ‚Großes Geheimnis!‘ sagen sie. Ich glaube, dieses Jahr gibt es bei uns was Besonderes ...“
„Pieeep, Pieeep ...! Pieeep, Pieeep ...! Pieeep, Pieeep ...!“
Fast gleichzeitig klingeln die Handys der drei.
„Ich glaub’, ich werd’ verrückt!“, sagt Anna.

11

Um sechs Uhr sind alle Gäste da.
Die ganze Kneipe ist weihnachtlich dekoriert: In der Mitte steht ein besonders schöner Weihnachtsbaum, mit Kerzen und bunten Kugeln. Darunter liegen Pakete und Päckchen mit kleinen Zetteln dran.
Von der Decke hängen Tannenzweige mit Strohsternen.
Die kleinen Tische sind zu einem großen langen Tisch zusammengerückt. Der Tisch ist sehr festlich gedeckt.
Dann beginnt das Essen. Leo und Benno servieren das Menü:
Als Vorspeise gibt es einen kleinen Salat mit Shrimps, dann kommt das Hauptgericht. Ein typisches Weihnachtsessen: Gänsebraten mit Rotkohl und Klößen! Und beim Nachtisch, Vanilleeis mit heißen Himbeeren, kennen sich alle Gäste.
Ringo, Boris und Balu vom U-Bahnhof haben auch noch einen Gast mitgebracht: Schubert! Er spielt auf seiner Geige Weihnachtslieder – so schön, dass Oma Trude immer wieder ihr Taschentuch braucht.
Dann klopft Benno an sein Glas.
„Liebe Freunde, ich finde, wir sollten uns beim Chefkoch für sein wunderbares Menü bedanken. Lieber Leo, es war köstlich ...“
„... wie immer!“, ruft Klaus lachend.
Alle applaudieren und heben ihr Glas.
„Danke, Leo!“
Leo ist etwas verlegen und sehr froh, dass Benno mit seiner Rede fortfährt:

„Zu einem Weihnachtsfest gehören natürlich Geschenke. Und wie ihr seht, gibt es davon recht viele. Wir sind dieses Jahr alle sehr brav gewesen ..."
Er wird durch Zurufe und Gelächter unterbrochen.
Iris darf die Geschenke verteilen: Warme Hausschuhe für Oma Trude, einen dicken Kalender für Leo, und dazwischen gibt es immer mal wieder ein Geschenk für sie selbst.
Die Pakete für Ringo, Boris und Balu kann sie kaum tragen, so groß sind sie. Die drei sind sprachlos[17], als sie sie öffnen: warme Socken, Jacken, Schlafsäcke und andere nützliche Dinge für ihr Leben auf der Straße.

„Die gleiche Mütze habe ich letztes Jahr Paps zu Weihnachten geschenkt. Leider zieht er sie nie an", sagt Veronika zu Anna.
„Der Schal kommt mir auch bekannt vor: Den habe ich letztes Jahr für Paco gestrickt."
„Du meinst ...? Aber das heißt ja, dass ..."
In diesem Augenblick spielt Schubert das Lied ‚Oh Tannenbaum' und alle singen mit. Ü17

ENDE

17 *sprachlos sein*: ugs., wenn man vor Freude, Staunen, Überraschung oder Wut nichts sagen kann

KAPITEL 1

1 Was erfahren Sie in Kapitel 1? Fassen Sie zusammen.

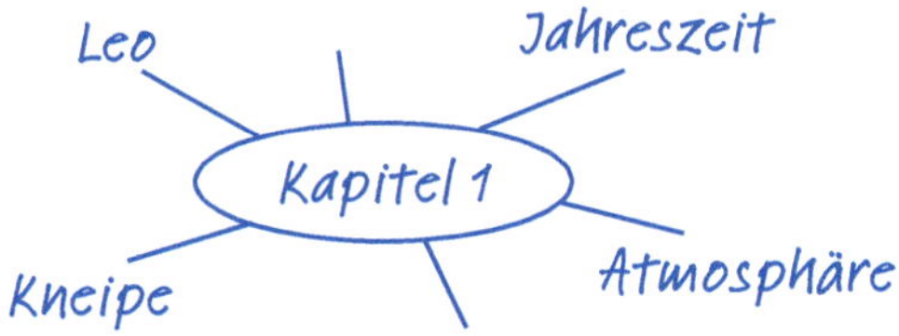

KAPITEL 2

2 Wie kommentieren die Personen die Adventszeit? Notieren Sie.

Veronika

Ralf

Klaus

Leo

3a Hören Sie und ergänzen Sie die Notizen in Übung 2.

3b Was für eine Überraschung planen Leo und Klaus? Hören Sie noch einmal und notieren Sie.

3c Ergänzen Sie.

Kerzen • Weihnachtsdekoration • Geschenke • Geheimnis • abschaffen • Weihnachtsbaum

„Und alle denken, du bist sauer wegen der ____________________ ____________!"

„Quatsch! Ich finde eine schöne Dekoration in der Adventszeit prima, aber die jungen Leute sind ja sooo modern. Die würden Weihnachten am liebsten ____________________."

„Veronika will dieses Jahr nicht mal einen ____________________."

„Möchtest du einen Kaffee?"

„Immer!"

„Zum Glück feiern wir aber doch. ‚Wegen Iris', wie Veronika sagt. Aber ich glaube, ein bisschen gefällt es ihr immer noch, wenn die ______________ brennen und die ______________ unter dem Baum liegen."

„Wir könnten dieses Jahr Weihnachten doch zusammen feiern! Ich mache die Kneipe zu und wir feiern bei euch."

„Das ist eine gute Idee! Ich bin gespannt, was Veronika davon hält."

„Psst! Nicht verraten. Das ist unser ____________________. Wir überraschen sie damit."

„Ich weiß nicht."

„Ich koch auch was Feines!"

KAPITEL 3

4a Benno hat Ärger. Was ist passiert? Hören Sie und notieren Sie.

4b Ergänzen Sie. Hören Sie dann noch einmal und vergleichen Sie.

Weihnachtsbaumverkäufer • sortieren • Beine • versprochen • Beruhigen

„Oha! Hast du ihnen ________________ gemacht? Prima! – Aber die Bäume sind ja gar nicht sortiert – sag mal, wollt ihr mich ...“

„________________ Sie sich! Wir haben jetzt erst mal alles abgeladen, damit Sie weiterfahren können. Und jetzt sortieren wir die Bäume.“
„Na ja, meinetwegen. Warte mal, hier ist die Kohle. Hier, fünf für jeden!“
„Es waren zehn Euro ausgemacht!“
„Arbeitest du für mich oder für die da? Kannst gleich mit denen verschwinden. Ich finde auch noch einen anderen ________________ ________________, merk dir das!“
„Aber es geht um Arbeit für zwei Stunden. Und Sie haben fünf Euro pro Stunde ________________. Das sind dann zehn Euro pro Mann.“
„Du nervst! Nimm die fünfzehn Euro und Schluss mit der Debatte! Gib jedem einen Fünfer, die Bäume kannst auch du selbst ________________. Heute Abend um acht komm' ich wieder!“

5 Beantworten Sie die Fragen.

1. Was für einen Job hat Benno? ________________
2. Wie hat er den Job gefunden? ________________
3. Wie sind die Arbeitszeiten? ________________
4. Wie viel Geld verdient er? ________________

KAPITEL 4

6 Wie feiert man in Spanien Weihnachten? Hören Sie und notieren Sie.

24. Dezember:

6. Januar:

7a Was planen die Freundinnen? Hören Sie noch einmal und markieren Sie die richtige Antwort.

- [a] Anna macht „Turrón“, eine spanische Weihnachtsspezialität.
- [b] Anna und Veronika wollen gemeinsam eine Weihnachtspizza backen.
- [c] Anna soll mit ihrer Oma Weihnachten bei Veronika und ihrer Familie feiern.

7b Bringen Sie den Dialog in die richtige Reihenfolge und nummerieren Sie.

1 „Was machst du an Heiligabend?“

2 „Ich weiß noch nicht. Ich esse mit Oma und später kommt bestimmt Paco vorbei.“

3 „Feiern Spanier auch Weihnachten?“

___ „Und Oma?“

___ „Turrón! Das ist eine spanische Weihnachtsspezialität aus gerösteten Mandeln, Zucker, Honig und Eiweiß. Die macht seine Tante jedes Jahr. Und was essen wir?“

___ „Komm doch zu uns! Iris freut sich bestimmt!“

___ „Plätzchen! Und wer noch Hunger hat, bekommt Pizza. Die habe ich immer im Kühlschrank.“

___ „Ja, aber anders als wir. Am 24. Dezember, der ‚Noche Buena‘, trifft sich die ganze Familie zu einem großen Abendessen. Geschenke bringen erst die Heiligen drei Könige am 6. Januar.“

____ „Die bringst du mit und Paco kommt einfach später."

____ „Eine gute Idee. Ich sag ihm, dass er ‚Turrón' einpacken soll!"

____ „Was? Tu...?"

____ „Weihnachtspizza?"

____ „Quatsch! Aber wir sagen Klaus kein Wort. Der wird Augen machen, der alte Weihnachtsmuffel!"

7c Hören Sie noch einmal und vergleichen Sie.

KAPITEL 5

8 Welche Sätze passen zu den Bildern? Ordnen Sie zu.

1. Aus den Zutaten einen Teig kneten
2. Den Teig halbieren
3. Teigstücke (eins schwarz, eins weiß) in Folie wickeln
4. Teig ausrollen
5. Schwarzes und weißes Teigquadrat liegen aufeinander und werden aufgerollt
6. Teigrollen in Scheiben schneiden und aufs Blech legen

a

b

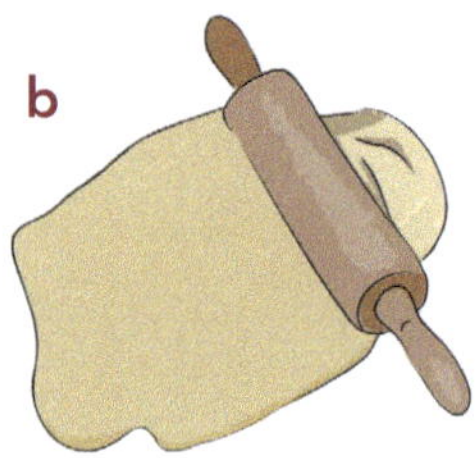

c

d

e

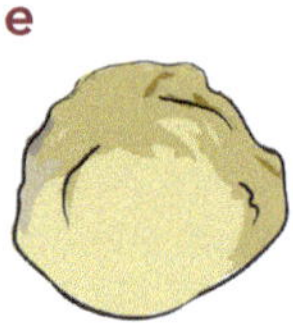

f

1. ____ 2. ____ 3. ____ 4. ____ 5. ____ 6. ____

9a **Hören Sie.**

9b **Lesen Sie. Hören Sie noch einmal und vergleichen Sie.**

Oma Trude und ihre Freundin Elisabeth machen den Menüplan für den Weihnachtsabend. Zuerst gibt es Punsch und Plätzchen und dann ein leichtes Abendessen: Nur ein Hauptgericht, keine Vorspeise, keine Nachspeise. Sie wollen auf jeden Fall spät essen, so gegen 22.00 Uhr, wie die Leute in Spanien. Vor dem Essen gibt es eine kleine Bescherung. Elisabeth schenkt jedes Jahr ein paar Kleinigkeiten. Nach dem Essen gehen sie in die Christmette. Anna und Paco gehen auch mit, weil es dort immer so schön feierlich ist.

9c **Schreiben Sie den Text richtig.**

Nein nein, es ist so: ...

KAPITEL 7

10 **Was ist passiert? Helfen Sie Benno.**

Kasse geklaut? / Kasse versteckt? / Kasse verloren? / ... ?

Wer? Wie? Wann? Wo?

Was tun? *noch mal überall suchen*
beten
...

11 Wer wartet auf Benno? Raten Sie.

Ich glaube, Benno hat Besuch von ... , weil/denn ...
Vielleicht wartet (auch) ... und /oder ..., deshalb ...
Möglich ist auch, dass ...

KAPITEL 8

12 Wer möchte mit wem Weihnachten feiern? Ergänzen Sie die Liste.

	Mit wem?	Wo?
Leo	mit Klaus, Veronika und ihrer Tochter Iris	bei Familie Meier
Oma Trude		
Veronika		
Anna		
Benno		

13a Überlegen Sie und notieren Sie:

Wen müssen Benno und Leo informieren? Warum? Wer soll/kann überrascht werden? Warum?

informieren: ______________________________, weil/denn ...

____

überraschen: ______________________________, weil/denn ...

____

13b Hören und vergleichen Sie.

13c Ergänzen Sie. Hören Sie dann noch einmal und korrigieren Sie.

verraten • Tische • Kneipe • planen • organisiere • Überraschung • recht

„Du erlaubst es wirklich?"

„Ich erlaube es nicht nur, ich ____________________ das Weihnachtsfest sogar mit dir!"

„Du meinst ...?"

„Wir feiern dieses Jahr alle zusammen in der ________________! Meiers, Anna und ihre Oma, Paco und seine Familie, du und die drei von der U-Bahn, und vielleicht fällt mir sonst noch jemand ein. Was hältst du davon?"

„So richtig ...?"

„Mit allen Schikanen: Weihnachtsbaum, Kerzen, schön dekorierte ________________, Drei-Gänge-Menü, Musik. Aber ..."

„Aber?"

„Aber nichts ________________! Wir erzählen niemandem davon. Keiner Menschenseele! Außer Klaus. Der wird unser Komplize. Aber für alle anderen bleibt es eine ____________________!"

„Ich weiß nicht ..."

„Was ist los, Benno? Hat dich jetzt der Mut verlassen?"

„Nein, aber die ________________ doch alle schon irgendwas. Die kaufen ein und bereiten das Festessen vor und plötzlich sollen sie zu uns in die Kneipe? Ich weiß nicht ..."

„Stimmt, du hast ______________. Ein paar Leute müssen wir informieren.

14a Was passt zur Weihnachtsfeier? Markieren Sie:

Einladung
Grillfest mit Musik und Tanz
24. 7. • 18 Uhr
Wir würden uns freuen, wenn Ihr am 24. mit uns feiern würdet!
Bitte gebt uns bis zum 15. Bescheid, ob Ihr kommen könnt.
Andrea und Michael

Schwarz-Weiß-Gebäck

Man nehme:
- 300 Gramm Mehl
- 150 Gramm Zucker
- 1 Päckchen Vanillinzucker
- 2 Eigelbe
- 200 Gramm kalte Butter
- 2 Essl
- 2 Essl
- ...hl

Menü

Feldsalat mit Waldpilzen

Zucchinicrèmesuppe

Gänsebraten mit Rotkohl und Kartoffelklößen

Zimteis mit Schokola... plätzchen

Einkaufsliste
Salat, Pilze, Kräuter, Zucchini, Rotkohl, Äpfel, Kartoffeln, Gans, Aufschnitt, Eier, Sahne, Butter, Schmalz, Zimt, Getränke

14b Sie sind im Organisationskomitee. Was gibt es alles zu tun? Planen Sie die Weihnachtsfeier.

Wer? Was? Wann?

15 Schreiben Sie eine Einladungskarte für das Weihnachtsfest.

Wer lädt ein? Wo und wann ist das Fest? Wer feiert?

KAPITEL 9

16a Hören Sie. Richtig oder falsch? Kreuzen Sie an.

	R	F
Leo ist verrückt.	☐	☐
Frau Sommer möchte ihre Freundin zum Fest mitbringen.	☐	☐
Familie Fernández kommt nicht, weil Spanier nicht Weihnachten feiern.	☐	☐

16b Bringen Sie das Gespräch in die richtige Reihenfolge. Nummerieren Sie.

__1__ „Entschuldigung, Frau Sommer, aber Anna hat zugehört. Jetzt ist sie weg!"

__2__ „Ich dachte schon, Sie sind verrückt geworden, Herr Leo."

___ „Ach so. Deswegen rufe ich aber nicht an. Ich wollte fragen, ob ich meine Freundin Frau Neumann mitbringen darf? Wir haben nämlich schon etwas geplant für den Heiligen Abend!"

___ „Wer?"

___ „Die geht doch sowieso zu ihrem Freund Paco. Elisabeth kommt zu mir und wir feiern zusammen."

__3__ „Sie soll doch überrascht werden ..."

___ „Natürlich! Gern! Sie sollen nur Anna bitte nichts sagen."

___ „Nein, Sie kommen zu uns! Bitte, Frau Sommer. Und Familie Fernández kommt auch! Nur die jungen Leute wissen noch nichts davon. Wir wollen sie überraschen."

___ „Anna natürlich! Deshalb habe ich auf die Einladung geschrieben: Bitte anrufen!"

___ „Das mach ich noch, Frau Sommer!"

___ „Haben Sie der Familie Fernández schon Bescheid gesagt? Vielleicht feiern Spanier ja gar nicht?"

16c Hören Sie noch einmal und vergleichen Sie.

KAPITEL 10

17 Wählen Sie ein Thema und schreiben Sie.

1. Wie feiern Sie Weihnachten?
   Wer? Mit wem? Wann? Wo? Wie?
2. Berichten Sie von einem schönen Fest, an dem Sie teilgenommen haben.
3. Haben Sie schon einmal ein Fest gefeiert, wo etwas völlig anders war als geplant oder erwartet?

1 Lesen Sie die beiden Texte zu Weihnachten. Welcher gefällt Ihnen besser? Warum?

O Tannenbaum

O Tannenbaum, o Tannenbaum,
Wie grün sind deine Blätter!
Du grünst nicht nur zur Sommerzeit,
Nein, auch im Winter, wenn es schneit.
O Tannenbaum, o Tannenbaum,
Wie grün sind deine Blätter!

O Tannenbaum, o Tannenbaum,
Du kannst mir sehr gefallen!
Wie oft hat schon zur Winterzeit
Ein Baum von dir mich hoch erfreut!
O Tannenbaum, o Tannenbaum,
Du kannst mir sehr gefallen!

O Tannenbaum, o Tannenbaum,
Dein Kleid will mich was lehren:
Die Hoffnung und Beständigkeit
Gibt Mut und Kraft zu jeder Zeit!
O Tannenbaum, o Tannenbaum,
Dein Kleid will mich was lehren!

Weihnachtslied

Von Theodor Storm

Vom Himmel in die tiefsten Klüfte
Ein milder Stern herniederlacht;
Vom Tannenwalde steigen Düfte
Und hauchen durch die Winterlüfte,
Und kerzenhelle wird die Nacht.

Mir ist das Herz so froh erschrocken,
Das ist die liebe Weihnachtszeit!
Ich höre ferne Kirchenglocken
Mich lieblich heimatlich verlocken
In märchenstille Herrlichkeit.

Ein frommer Zauber hält mich wieder,
Anbetend, staunend muss ich stehn;
Es sinkt auf meine Augenlider
Ein goldner Kindertraum hernieder,
Ich fühl's, ein Wunder ist geschehn.

2 Hören Sie das Lied „O Tannenbaum". Gibt es das Lied auch in Ihrer Sprache? Wenn ja, wovon handelt der Text?

3 Benno hat für die Kneipe Adventskränze gekauft. Ergänzen Sie und erfahren Sie etwas zur Geschichte des Adventskranzes.

Hamburger • anzünden • Tannenzweigen • Kirche • Kerzen • Sonntag • Kinder • Weihnachten

Ein traditioneller Adventskranz besteht aus frischen ______________ ______________, die zu einem Kreis geflochten werden. Auf dem Kranz werden vier ______________ befestigt. Am ersten Advent, das ist der vierte Sonntag vor ______________, darf

man eine Kerze ____________________. An jedem weiteren ____________________ kommt eine weitere dazu, bis am vierten Adventssonntag alle vier Kerzen brennen. Der Kerzenschein soll während der Advents- und Weihnachtszeit die Welt erhellen. In der Anfangszeit hatte der Kranz 23 Kerzen. Für jeden Tag bis zum 24. Dezember, dem Heiligen Abend, eine. Die Geschichte erzählt, dass der Adventskranz von einem ____________________ Theologen erfunden wurde. In den 1920er Jahren gab es den ersten Adventskranz mit 4 Kerzen in einer katholischen ____________________ in Köln. Seit Mitte der 1930er Jahre gehört er auch im privaten Bereich zur Vorweihnachtszeit. Auch für ____________________ ist er fester Bestandteil der Vorfreude auf Weihnachten, wie das Kindergedicht zeigt: *„Advent, Advent, ein Lichtlein brennt.*
Erst eins, dann zwei, dann drei, dann vier.
Dann steht das Christkind vor der Tür.“

4 Das älteste Weihnachtsgebäck Deutschlands: Der Christstollen. Lesen Sie und beantworten Sie die Fragen.

Der Christstollen ist ein traditionelles Weihnachtsgebäck, das es seit 1329 gibt. Form und Aussehen sollen an das gewickelte Christkind erinnern. Zu seiner Entstehungszeit war er sehr mager und schmeckte nicht sehr gut. Damals waren in der Fastenzeit in der katholischen Kirche weder Butter noch Milch erlaubt, deshalb bestand er nur aus Hafer, Wasser und Öl. Um 1500 wurde das „Butterverbot“ gelockert, von nun an ersetzte man das Öl durch Butter, und die Christstollen wurden immer feiner. Ein Bäcker aus

Sachsen hat aus dem ehemaligen Fastenstollen das bis heute berühmte Weihnachtsgebäck gemacht. Hinzugekommen sind nicht nur die Butter (eine sehr große Portion), sondern auch viele Früchte. Ohne diese Zutaten ist ein Stollen kein „echter“ Stollen. Inzwischen gehört er zur Weihnachtszeit wie der Weihnachtsbaum. Beliebt ist er nicht nur in Deutschland, was man daran sieht, dass traditionelle „Dresdner Stollen“ zur Weihnachtszeit in die ganze Welt verkauft werden.

1. Seit wann gibt es den Christstollen?

____

2. Woran erinnert sein Aussehen?

____

3. Wann und wie wurde er zum feinen Weihnachtsgebäck?

____

4. Was gehört unbedingt in einen „echten“ Christstollen?

____

5 Weihnachten feiern in Deutschland. Lesen Sie: Richtig oder falsch? Kreuzen Sie an.

Fast genau so wichtig wie Weihnachten ist die Vorweihnachtszeit (Adventszeit). Bereits jetzt, vier Wochen vor Weihnachten, werden Häuser und Wohnungen festlich geschmückt: mit Lichterketten, Tannenzweigen, Adventskränzen etc., sehr unterschiedlich und ganz so, wie es den Menschen gefällt. Typisch für die Vorweihnachtszeit ist auch das Plätzchenbacken. Um Kindern das Warten auf das Christkind zu verkürzen, gibt es Adventskalender mit 24 Fenstern. Jeden Tag wird eins geöffnet, dahinter verbirgt sich eine kleine Überraschung. Am 6. Dezember ist Nikolaustag. Der Nikolaus bringt Süßigkeiten oder kleine Geschenke. Typisch für die Vorweihnachtszeit

sind auch die Weihnachtsmärkte. Sie beginnen mit dem ersten Advent und enden am 23. Dezember. Auf den Weihnachtsmärkten werden Weihnachtsdekoration, Geschenkartikel, Kunsthandwerk, Lebkuchen, Glühwein u.a. verkauft. Zu den berühmtesten Märkten gehört der große Nürnberger Christkindlmarkt.

Der Heiligabend (24. Dezember) beginnt in vielen Familien mit dem gemeinsamen Schmücken des Christbaums, und anders als in vielen anderen Ländern findet die Bescherung ebenfalls am 24. Dezember statt. Der Christbaum nimmt hier eine zentrale Rolle ein. Gerade für Kinder ist der Christbaum besonders wichtig. Zum Zeremoniell

gehört in vielen Familien, dass die Kinder vor der geschlossenen Tür warten, während die Kerzen am Baum angezündet werden. Geöffnet wird die Tür, wenn alle Lichter brennen, oft wird gesungen, die Geschenke werden geöffnet, man isst zusammen. Das Festmahl, traditionelle Gerichte sind die Weihnachtsgans oder der Weihnachtskarpfen, gibt es an Heiligabend oder am ersten Weihnachtsfeiertag. In religiösen Familien gehört auch der Besuch der Christmette zu Heiligabend.
Es gibt unterschiedlichste Arten, die Feiertage zu begehen, aber oft gehören sie dem gemütlichen Zusammensein im Familienkreis.

	R	F
1. Die Vorweihnachtszeit ist wichtig.	☐	☐
2. In der Adventszeit werden Plätzchen gebacken.	☐	☐
3. Der Adventskalender ist nur für Kinder.	☐	☐
4. Der Nikolaus bringt in Deutschland keine Geschenke.	☐	☐
5. In Nürnberg gibt es einen bekannten Weihnachtsmarkt.	☐	☐
6. In vielen Familien gibt es einen Christbaum.	☐	☐
7. Die Weihnachtsgeschenke gibt es in Deutschland am 25. Dezember.	☐	☐
8. An Weihnachten isst man alles, nur keine Gans.	☐	☐

Übersicht über die in dieser Reihe erschienenen Bände:

Stufe 1 ab A1
Das schnelle Glück
Der 80. Geburtstag
Die Neue
Die Prinzessin
Ein Hundeleben
Gebrochene Herzen
Miss Hamburg
Schwere Kost

Stufe 2 ab A2
Der Einbruch
Der Jaguar
Große Gefühle
In Gefahr
Liebe im Mai
Oktoberfest – und zurück
Schöne Ferien
Unter Verdacht

Stufe 3 ab B1
Hinter den Kulissen
Leichte Beute
Speed Dating
Stille Nacht